CALLWEY

Zeichnungen
Entwürfe
Beispiele

Drawings
Designs
Examples

Karin Waldis

Porzellanmalerei
Vögel und Schmetterlinge

Porcelain Painting
Birds and Butterflies

Callwey

Die Autorin Karin Waldis.
The author Karin Waldis.

Texte: Karin Waldis
Übersetzung ins Englische:
Ricki Wiersema, NL-Apeldoorn
und Celia Shute, GB-Wakefield
Fotos: Alois Waldis, CH-Seuzach

e-mail: buch@callwey.de
www.callwey.de

Die Deutsche Bibliothek – CIP-Einheitsaufnahme
Ein Titeldatensatz für diese Publikation ist bei Der Deutschen Bibliothek erhältlich.

Reihengestaltung: Germar Wambach, München
Lithos: Reproteam Siefert, Ulm
Druck und Bindung: Printer, Trento
Printed in Italy, 2002
ISBN 3-7667-1508-9

Inhalt
Contents

Vorwort

Ich wurde in der Nähe von Kopenhagen in Dänemark geboren, und schon während meiner Schulzeit machte mir das Zeichnen und Malen viel Spaß. Damit auch beruflich zu tun zu haben, war immer mein Wunsch. Ich schätzte mich daher besonders glücklich, dass ich mit 17 Jahren eine Ausbildung als Porzellanmalerin bei der »Royal Copenhagen« (der Königlichen Porzellan-Manufaktur Kopenhagen) beginnen konnte. Bereits im dritten Lehrjahr durfte ich am berühmten »Flora Danica«-Muster mitarbeiten. So konnte ich eine klassische Ausbildung genießen, die mir heute noch viele Vorteile bringt.

»Flora Danica« wurde erstmals 1790 in Kopenhagen modelliert und dekoriert. Es ist dasjenige Muster, das unter anderen vorrangig von den skandinavischen Königshäusern bestellt wird. Die Blumenvorlagen stammen aus einem botanischen Buch mit alten Kupferstichen dänischer Flora. Noch heute gibt es über 700 solcher Kupferstiche von wilden Blumen aus dem Norden.

Die Dekorationen der »Flora Danica« werden bis zu sechsmal gebrannt; immer kommen wieder neue Details oder neue Farben dazu. Diese Arbeit der Porzelliner war schon immer interessant, da sehr selten Wiederholungen vorkommen. Natürlich ist auch die sehr aufwändige Goldarbeit nach dem Dekorieren noch immer reine Handarbeit. Jedes Stück wird signiert, und zum Schluss wird der lateinische Name von einem Kalligraphen geschrieben. Diese Schrift ist heute genau die gleiche wie im Jahre 1790.

Nach einem 10-jährigen Aufenthalt in Los Angeles, Kalifornien, kam ich 1971 mit meiner inzwischen begründeten Familie in die Schweiz, wo ich mich ernsthaft mit der Vogelmalerei zu beschäftigen begann.

Zu dieser Zeit wurde ausschließlich mit Dicköl und Terpentin gearbeitet. Durch die vielen Materialien, die uns heute zur Verfügung stehen, ist das Porzellanmalen technisch wesentlich einfacher geworden. Jetzt male ich hauptsächlich mit »offenen« Ölen. Diese eignen sich vorzüglich für meine Technik. Ich werde auf sie später ausführlicher eingehen.

Wenn ich ein Stück weißes Porzellan vor mir habe, kommen mir immer wieder neue Ideen. Das Malen ist eine Leidenschaft, die ich stets mit meinen langjährigen Kursteilnehmerinnen teile. So kann man die Zeit auf angenehme Art und Weise »vergessen«, sich richtig in die Arbeit vertiefen und wird große Zufriedenheit verspüren, wenn eine Arbeit gut gelungen ist. Diese Zusammenarbeit mit Gleichgesinnten im Malkurs macht mir enorm Spaß.

Mit Fleiß und Energie werden auch Sie bald Ihre Ziele erreichen. Ein Sprichwort aus Dänemark sagt: »Wie hoch ein Vogel auch fliegen mag, seine Nahrung sucht er auf der Erde.«

In diesem Sinne wünsche ich Ihnen viel Freude und Erfolg beim Malen.

Karin Waldis-Kantsoe,
Seuzach, Schweiz

1 Mein Porzellanladen
In diesem reich gefüllten Laden findet sich etwas für jeden Geschmack.

1 My porcelain shop
In this well-filled shop there's something to suit every taste.

Foreword

I was born in the vicinity of Copenhagen, Denmark. Drawing and painting gave me already during my schooltime a great deal of pleasure. It was always my wish to also become professionally involved. Therefore I considered myself very lucky that, at the age of 17, I could start training as a porcelain painter at the "Royal Copenhagen" (The Royal Danish Porcelain Manufactory). In the third year I was permitted to work on the famous "Flora Danica" patterns. In this way I enjoyed a classical training that even now still brings me many advantages.
"Flora Danica" was modeled and decorated for the first time in 1790 in Copenhagen. It is this pattern that, amongst others, is primarily ordered by the Scandinavian Royal houses. The flower studies originate from a botanical book with old copper engravings of the Danish flora. Even now there are still more than 700 copper engravings of wild flowers from the north being used. The "Flora Danica" decorations are fired up to six times, new details or new colours are added all the time. This work of the porcelain painters was always very interesting, as repetitions very seldom occur. Of course the very ornate gold work which is applied after the decorating, is still handpainted. Each piece is signed, and at the end the Latin name is written by a calligrapher. This writing is still exactly the same as it was in the year 1790.
After having lived in Los Angeles, California, for 10 years, I moved in 1971 with my family to Switzerland, where I seriously started with the painting of birds. At this time one mainly worked with fat oil and turpentine. Because of the many materials we now have at our disposal, porcelain painting has technically become much easier. I now mainly paint with "open" oils. They are most suitable for my technique. Later on I will deal with them more extensively.
The painting is a passion that I like to share with my students of many years. In this way one can "forget" the time in a pleasant way, really concentrate on the work, and experience great satisfaction when a job has succeeded well. This cooperation with like-minded people during a painting course for me is tremendous fun. With diligence and energy you will soon reach your goal.

Karin Waldis-Kantsoe,
Seuzach,
Switzerland

Beobachtungen in der Natur

Vögel in der Natur genauer zu beobachten, ist nicht immer leicht. Sie sitzen nicht lange ruhig auf einem Ast, und die meisten sind eher ängstlich. Die besten Beobachtungen macht man im Winter beim Füttern am Vogelhäuschen. Als Hilfsmittel gibt es darüber hinaus viele Naturführer mit guten Fotografien und anderen Illustrationen, die sich als Vorlagen eignen. Auch führt jede Buchhandlung schöne Kunstbücher mit geeigneten Zeichnungen und Aquarellen.

2

Themen, Naturstudien und Durchpausen

Zu den heimischen Vögeln gibt es nicht nur sehr viele Vorlagen, auch die Lieblingsgeschichten der Familie sind Anreiz für außergewöhnliche Motive und Kompositionen. Vogelnester, Vogeleier und -federn, Jungvögel, Vögel im Flug: die Variationen sind endlos. Mein Lieblingsvogel ist immer derjenige, den ich gerade male.
Ich beschäftige mich schon sehr lange intensiv mit Farben, Formen, Schattierungen und Proportionen der Vögel. Das Zeichnen nach der Natur ist immer eine nötige Vorarbeit, die von jedem Maler erwartet wird, denn es ist nicht möglich, in einem zweistündigen Kurs oder auch in einem zweitägigen Seminar dieses Wissen zu vermitteln.
Darum empfehle ich dem Anfänger, das gewünschte Vogel-Motiv zu kopieren und es auf das Porzellan durchzupausen. Mit mehr Übung und Selbstvertrauen fangen Sie dann vielleicht bald selbst an, Ihre Lieblinge freihändig zu zeichnen.

Mein Tipp beim Durchpausen von Vorlagen:

Möglichst genau arbeiten und nur das Essenzielle – nicht jedes kleine Detail – mit dem Bleistift festhalten. Das gibt Ihnen dann eine gewisse Freiheit, wenn Sie mit dem Pinsel weiterarbeiten.

In meinen Kursen betone ich immer wieder, dass ich weder wissenschaftliche Zeichnerin noch Ornithologin bin; ich nehme mir gewisse Freiheiten heraus und male meine Sujets, wie ich sie sehe und erlebe. Bitte sehen Sie es mir nach, wenn Schwanz oder Schnabel einmal nicht ganz die richtige Länge haben; auch in der Natur gibt es viele Abweichungen von der Norm. Machen Sie's doch einfach auch so.
Ich bin in meiner Malerei sehr mit den Jahreszeiten verbunden, wobei mich der Winter speziell fasziniert. Die Vogelmalerei ist eine sehr intensive Arbeit, und für mich ist daher eine Harmonie der Farben untereinander sehr wichtig. Der Vogel auf dem Porzellan ist die

3

Hauptsache, alles andere ist dekorative Nebensache. Manchmal genügt als Beifügung ein leerer Ast oder ein Zweiglein. Ein paar Blätter oder Beeren sind sehr wirkungsvoll. Sollen es aufwändigere Reliefkanten als Abschluss sein, sehen Sie sich doch bitte die Beschreibung zu den Schmetterlingen auf Seite 32 an.

4 Verschiedene Glöckchen mit Vögeln im Winter.

4 Several bells with birds in the winter.

Farbe und Hintergrund

Vor dem weißen Hintergrund des Porzellans heben sich unsere gefiederten Freunde genauso deutlich ab wie draußen an der Futterglocke vor weißer Schneelandschaft. Diesen Umstand können Sie durch eine nur minimale Fondgestaltung betonen oder Sie malen einen passenden Hintergrund: Wenn ich das tue, benötige ich auf alle Fälle die gleichen Farbtöne im Fond, die auch im Vogel vorkommen.
Ein Beispiel: Die Blaumeise hat grüne Rückenfedern, also verwende ich den gleichen Grünton in Blättern oder Ästen. Die Meisen haben meist ein blaugraues Gefieder, also passen blaue Beeren als Umgebung hervorragend dazu – Sie werden noch viele andere Möglichkeiten finden.

5 Nahaufnahme eines Dompfaff-Paares im Winter. Die Vögel sind nur 2 cm lang.
6 Diese zwei männlichen Buchfinken sprechen sich anscheinend gerade über das Revier ab.

5 Close-up of a goldfinch couple in the winter. The birds are only 2 cm (13/16") long.
6 These two male bullfinches seem to be discussing their territory.

5 ▼

6 ▼

Observations in nature

7

It is not always easy to closely observe birds in nature. They don't sit still for long on a branch, and most of them are rather timid. One can make the best observations in the winter by putting out bird food in a bird house. As an aid there are also many nature guides with good photographs and other illustrations, that can be used as studies. Every bookshop also has beautiful art books with suitable drawings and watercolours.

Themes, nature studies and tracing

Not only are there many studies of the native birds, but also the favourite stories of the family are an incentive for unusual motifs and compositions. Bird's nests, bird's eggs and feathers, young birds, birds in flight, the variations are endless. My favourite bird is always the one I'm painting at the time. For a long time I have busied myself intensively with colours, shapes, shadows and proportions of the birds. The drawing after nature is always necessary preliminary work that is expected of each painter, because it is not possible to pass on this knowledge in a two-hour course or a seminar of two days. I therefore recommend the beginner to copy the desired bird motif and trace it onto the porcelain. With more exercise and self-confidence you yourself will perhaps soon start to draw your "darlings" freehand.

My tip for tracing studies:

Work as precisely as possible and only trace the essentials – not every small detail – with your pencil. This will give you a certain freedom when you continue working with the brush.

During my courses I always stress that I am neither a scientific drawer nor an ornithologist, I take certain liberties and paint my subjects as I see and experience them. Please overlook the fact when a tail or bill

does not quite have the correct length, in nature there also are deviations from the standard. You just do the same.
With my painting I am quite close to the seasons, and the winter particularly fascinates me. Bird painting is a very intensive job, and because of that harmonious colours are quite important for me. The bird on the porcelain is the main thing, everything else is a decorative inessential. It often is enough to add an empty branch or twig. Some leaves or berries are very decorative too.

When, as a finish, more involved raised paste borders are wanted, please look at the procedure of the butterflies on page 34.

Colour and background

Our feathered friends stand out just as clearly against the white background of porcelain, as outside on the feeding house in a white snow landscape. This circumstance you can emphasize with only a minimal background, or you can paint a complementary background scenery. When I do that, I need to use the same paint shades in the background that also occur in the bird.
A sample: The blue tit has green back feathers, therefore I use the same green shade on the leaves or twigs. The tits mainly have blue-grey feathers, therefore blue berries as a surrounding fit extremely well – you'll find many more other possibilities.

8

9 Feustel-Pinsel und Farbhäufchen. Bei der Federarbeit muss ich nur ein wenig mehr offenes Öl meinen Farben hinzufügen. Außerdem gibt es auch ein nicht trocknendes Malmittel auf Wasserbasis. Testen Sie beides.

9 Feustel brush and colour heaps. For the penwork I only need to add a little more of the open oil to my colours. By the way, there is also a non-drying painting medium available that is based on water. Test both of them.

Meine Materialien

Meine Art der Vogelmalerei ist sehr vom Öl abhängig. Ich benutze ein offenes – also ein spezielles, nicht trocknendes Öl –, wie es die amerikanischen Malerinnen etwa für die Softlook-Technik verwenden. Nach vielem Ausprobieren habe ich mich für ein dünnes, geschmeidiges Öl entschieden.
Wichtig ist, dass ich ein natürliches Resultat erzielen kann, und das erreiche ich, indem ich verschiedene Farben in den Pinsel nehme und mein Motiv mit einem oder höchstens zwei Bränden male und fertigstelle. Ein nicht trocknendes Öl erlaubt es mir, Details direkt mit der Feder zu zeichnen.
Wenn für Sie der Gebrauch dieses Öls neu ist, benötigen Sie ein wenig Geduld und eine Umstellung in der Pinselführung.
Hier gleich noch etwas sehr Wichtiges: Die Pulverfarben werden nur mit Öl gemischt, *nur* mit Öl verdünnt, und der Pinsel wird *immer* im Öl benetzt. Die Farben mische ich mir auf meiner Palette; wenn Sie es gewöhnt sind, können Sie aber auch gerne die Farben direkt auf dem Porzellan mischen.
Terpentin oder Orangenöl verwende ich nur, wenn ich einen Pinsel, der voll dunkler Farbe ist, reinigen muss. Danach diesen wieder im Öl benetzen!
Die Konsistenz der Farben ist wichtig; meine Farbe soll glänzen, aber nicht zerfließen.

Mein Tipp zu Pinsel und Wipe-out:

Mein Pinsel ist spitz und dünn. Am liebsten male ich mit einem langen Fehhaar-Pinsel zum Aufstecken, etwa von der Firma Feustel. Ein wichtiges Hilfsmittel in der Vogelmalerei ist der »Wipe-out«. Diesen gebrauche ich, um die feinen Federn »herauszuholen«.

10 Der sehr gesellige Haussperling gehört wohl zu derjenigen Vogelart, die sich am engsten an den Menschen angeschlossen hat.

10 The very companionable sparrow is surely the kind of bird that has mixed most closely with people.

Glänzende Farben

Der Glanz der Farben hängt sehr stark vom Brand ab; nicht jede Pulverfarbe reagiert gleich. Für meine Art der Malerei genügt eine Temperatur von 800 °C. Eine Porzellanmalerin lernt im Lauf der Zeit ihre Farben aufs Beste kennen. Sie weiß, dass es vorkommen kann, dass ein Grün oder Purpur des einen Herstellers anders reagiert als die selben zwei Farben eines anderen Herstellers. Wenn eine Farbe nach dem Brand »matt« erscheint, brenne ich das Stück nochmals etwa 20–25 °C höher.
Weitere Hinweise zum Brennen auf Seite 48.
Auch das Öl hat einen Einfluss auf den Glanz des bemalten Stücks. Wir haben heutzutage viele Öle zur Verfügung, unsere Farben zu mischen; die einen glänzen nach dem Brand mehr als andere und jede Malerin hat ihre eigenen Favoriten. Ausprobieren lohnt sich, um herauszufinden, was einem am besten gefällt.

Mein Tipp:

Auf meiner Farbpalette habe ich zwei »Häufchen« des gleichen Farbtons; eines dickflüssig für meinen Pinsel, das andere dünnflüssig für meine Feder (siehe Abb. Seite 12).

Noch ein Tipp für die Feder:
Die Konsistenz der Farbe ist enorm wichtig. Wenn Sie das Gefühl haben, dass es nicht so ganz mit der Federarbeit klappt, ziehen Sie die Feder wahrscheinlich zu schnell. Ziehen Sie sie langsam, dass die Farbe »mitkommt«, und schon kann es losgehen. Das heißt (eigentlich braucht man es gar nicht mehr zu empfehlen, da es jeder weiß): Das Porzellan sollte vor Arbeitsbeginn stets gründlich mit Azeton gereinigt werden.

Materialien

- Mal-Öl
  Nicht trocknendes Öl.
- MX 54
  Trocknendes Öl. Gut zum Stupfen. Mit Lavendelöl oder Aspiköl verdünnen.

Natürlich lässt es sich mit den oben genannten Ölen auch malen.

- Wasserlösliches Medium
  Für Stupfarbeiten. Nur mit Wasser anrühren und verdünnen.
- Terpentin oder Orangenöl
  Zum Pinselreinigen.
- I-Relief
  Gibt eine schöne Struktur. Nur mit Glanzgold bemalen.
- Glanzrelief
  Für Perlen und einen glänzenden Grund. Dieses Relief kann man mit Glanz- oder Poliergold bearbeiten.
- Mattweiß
  Für eine matte Fläche. Kann auch wie Goldunterlage verwendet werden. Mit Kupfer oder Glanzgold bemalen.
- Goldunterlage
  Muster mit der Feder zeichnen oder mit einem Schwamm stupfen. Glanzgold.
- Abdecklack
  Rot oder Grün. Wenn Sie mit Öl malen, benutzen Sie Rot. Manchmal wird es ein wenig dick; dann mit Wasser verdünnen.

Mein Tipp:

Diese verschiedenen Reliefs mit MX 54 mischen und mit Lavendelöl oder Aspiköl verdünnen. Führen Sie immer einen Brand vor der Gold-Applikation durch. Selbstverständlich lässt sich überall für Glanzgold auch Glanzplatin verwenden.

My tip:

Mix these raised pastes with MX 54 and thin with lavender oil, or use the products you are used to. Always fire before you apply the gold. Naturally bright gold as well as platinum can be used here.

11 *Dessertplatte*
Die Platte zur Dessertschale ist mit verschiedenen Schmetterlingen und Käfern verziert.

11 *Dessert dish*
The plate that goes with the dessert dish is decorated with several butterflies and beetles.

My materials

My way of painting birds depends very much on the oil. I use an open painting oil as is used with American painting (softlook style). There are several kinds for sale. After many trials I selected a rather thin oil. When I pick up several colours on my brush, I can achieve a more natural result and need one or at the most two firings for my motif. A non-drying oil allows me to draw the details directly with the pen.
If the use of this oil is new for you, you'll need some patience and a change in using the brush.

My tip for brush and wipe-out:

My brush is pointed and thin. I love painting with a long, quill squirrel hair brush, like from the Feustel factory. An important tool with bird painting is the "wipe-out". I use this to "carve" fine feathers.

Rightaway here is another important point: the powder paints are only mixed with oil, only thinned with oil, and the brush is always moistened with oil. From my palette I pick up several colours on the brush, but you can also mix the colours on the porcelain.
I only use turpentine or orange oil when I must clean a brush that is full of a dark colour. After this moisten it again with oil! The consistency of the paints is important, my paint must shine but not spread.

Shiny paints

The shine of the paints depends strongly on the firing; not every powder paint reacts the same. For my kind of painting a temperature of 800 °C (1472 °F) is sufficient. A porcelain painter gets to know her own colours best in the course of time. She knows it may happen that a green or purple from one company may react differently than the same two colours from another company. When a colour looks dull after the firing, I fire the piece once more around 20–25 °C (68–77 °F) higher. More hints on firing on page 50.
The oil also has some influence on the shine of the painted piece. Nowadays there are so many oils available for mixing our paints; some shine more after the firing than others, and each painter has her own favourites. To find out what one likes best, it pays to make test firings.

My tip:

On my palette I have two "heaps" of the same colour; one heap thickly mixed for my brush, the other mixed thinly for my pen (see ill. p. 12).

Another tip for the pen:
The consistency of the paint is enormously important. When you have the feeling that the pen doesn't quite draw as it should, you probably pull the pen too fast. Just move it slowly, so that the paint "moves along" with the pen and you can carry on. Before you start, the porcelain should always be cleaned thoroughly with acetone (this actually needs not be said anymore, as everyone knows this).

Materials

- Open Oil
  A non-drying oil.
- MX 54
  A drying oil. Good for sponging. To be thinned with lavender oil. Of course you could use it with your brush as well.
- Medium based on water
  For sponging. Mix and dilute only with water.
- Turpentine or orange oil
  For cleaning brushes.
- I-relief
  Renders a nice structure. Cover only with bright gold.
- Shiny raised paste
  For pearls and a shiny surface. This raised paste can be coated with bright and burnishing gold.
- Matt white
  For a matt surface. Can also be used as gold underlay. Paint over with copper or bright gold.
- Gold underlay
  Draw pattern with the pen or apply with a sponge. Bright gold.
- Resist
  Red or green. Use red when you paint with oil. It often becomes somewhat too thick; in that case dilute with water.

12 Ab und zu kommt es vor, dass ein Stück weißes Porzellan einen kleinen Fehler oder einen kleinen dunklen Punkt in der Glasur hat. Hier sind ein paar Beispiele, wie man davon ablenken oder den Defekt sogar zudecken kann. Beim Käfer wurde alles Schwarze mit der Feder gezeichnet. Die Biene wurde ausschließlich mit der Feder gemalt und der Schmetterling ist reine Fantasie. Noch ein Hinweis: Die schwarze Vogelfeder wurde mit dem Wipe-out am Schluss »verfeinert«; dies gibt einen «luftigen« Effekt.

12 Now and then it happens that a piece of white porcelain has a small fault or some tiny dark spots in the glaze. Here are some examples on how to distract the attention or how to even cover the faults. All the black of the beetles was drawn with the pen. The bee was only drawn with the pen and the butterfly is pure fantasy. Another hint: The black bird feather was at the end "improved" with the wipe-out; this gives an "airy" effect.

Vogelmalerei – leicht gemacht

Allgemeines

Vor dem ersten Brand: Farbiges Anlegen des Vogels. Eine schöne und genaue Grundierung bringt schon die halbe Arbeit.

Vor dem zweiten Brand: Schattieren. Es gilt der Grundsatz; Dunkler kann man es immer machen. Die Schatten: wenig, aber kräftig.

Ebenfalls wichtig ist ein genereller Hinweis zur Erleichterung Ihrer Malerei: Arbeiten Sie mit beiden Händen zugleich, das heißt, drehen Sie das zu bemalende Stück mit der einen Hand, während Sie mit der anderen den Pinsel oder die Feder führen. Dies braucht etwas Übung, hat aber den großen Vorteil, dass Sie den Pinsel immer in der gleichen Stellung halten können.

Das Licht

Das Licht ist mir beim Malen sehr wichtig; ich achte mehr auf die Betonung und Hervorholung des Lichts als auf die Umsetzung von Schatten. Dunkler malen (schattieren) kann man immer, aber Farbe nach dem Brand wegnehmen geht eben nicht mehr.

◀ 13 Mehlschwalben lassen sich auch mit Mohnblumen kombinieren.
14 Kleine Uhrdosen von Limoges, mit Rotkehlchen geschmückt.
15 Hier sehen wir Zaunkönige und Blaumeisen auf Uhrdosen.
Als Ergänzung zu den kleinen Vögeln auf der Uhrdose habe ich den Unterteil und einen schmalen Rand oben mit mattblauer Farbe gestupft. Als Abschluss oben eine Reihe Glanzrelief-Perlen, die beim zweiten Brand mit Poliergold bedeckt wurden.
Mattfarben nur mit trocknendem Öl mischen. Am besten mit MX 54 und dabei ziemlich dick stupfen!

◀ 13 Swallows combine very well with poppies.
14 Small clock box from Limoges decorated with robins.
15 Here you see wrens and blue tits on clock boxes.

Mein Tipp:
Schatten können gut mit einem Druck auf den Pinsel variiert werden (probieren Sie es aus).
Ein anschauliches Beispiel: Für Rechtshänder ist es schwierig, den Pinsel nach rechts zu drücken, weil es eine unnatürliche Handbewegung ist. Dagegen kann ich mit dem Pinsel problemlos nach links drücken, und es entsteht dabei ein Schatten. Wenn ich aber nach rechts drücke, habe ich wohl an dieser Stelle die Farbe, der Schatten aber fehlt mir. Es ergibt sich nur eine regelmäßige Fläche ohne Nuancen. Probieren Sie es selbst aus. Es ist schwierig zu erklären, aber es funktioniert. Um einen Schatten zu kreieren, muss ich die Farbe immer dort hinschieben, wo es dunkel ist. Wenn ich (als Rechtshänder) meine Hand nicht verrenken will, drehe ich lieber gleich mein Porzellan um 180 Grad.

Annotations for illustration 15:
To complete the small bird on the clock box, I sponged the part on top with a narrow edge with matt blue paint. It was finished with a row of shiny raised paste pearls on top, which on the second firing were covered with burnishing gold.
Mix matt paints only with a drying oil. Best of all with MX 54, and sponge rather dark!

14 ▼

15 ▼

Maltechnik und verwendete Farben

Die Vogelfedern werden farblich mit dem Pinsel angelegt. Dabei benütze ich zwei oder mehr Farben, die natürlich vom Vogel-Sujet abhängig sind. Zum Beispiel verwende ich für eine Blau- oder Kohlmeise Blau als Hauptfarbe; dazu kann ich direkt im Pinsel ein wenig Dunkelgrau oder Schwarz aufnehmen, damit gleich in der malerischen Wirkung ein Schatten entsteht.
Bei anderen Vögeln wie Spatzen, Rotkehlchen oder dem Zaunkönig nehme ich Braun als Hauptfarbe; dazu ein wenig Schwarz und ganz mutig ein wenig Blau. Versuchen Sie selbst einmal, Braun mit Blau zu mischen und Sie werden staunen, welch schöne Farbtöne dabei entstehen.
Vor dem Brand nehme ich im Anschluss an die Pinselanlage eine feine Stahlfeder, und mit einer dunkleren Farbe betone ich die Konturen (Umrisse). Der Arbeitsvorgang ist bei jedem Vogel der selbe, aber natürlich variieren dabei die Farbtöne.

Das Malen einer Blaumeise: Farben und Maltechnik

Die Blaumeise ist einer der beliebtesten Vögel Europas: Um sie zu gestalten, brauche ich fünf verschiedene Farben: Blau, Gelb, Grün, Schwarz und Dunkelgrau. Welches Blau, Gelb, Grün und so fort Sie wählen, das überlasse ich gerne Ihrer eigenen Probierlust. Ich mische diese Farben jedoch niemals mit dem Spachtel auf meiner Palette an. Ich nehme immer für jeden Pinselstrich ein wenig Blau, dann Grau oder Schwarz dazu direkt in den Pinsel. Das Endergebnis wirkt viel lebendiger und weist noch nach dem Brand deutlich erkennbare Farbnuancen auf.
Stellen Sie sich vor, wir mischten Blau und Grau mit dem Spachtel. Wenn wir dann mit dem Malen beginnen würden, wiesen alle Farbtöne die gleiche blau-graue Nuance auf. Mit der ersteren Variante haben wir einmal mehr Blau, einmal mehr Grau und weitere Farben im Pinsel. So werden die Farben direkt auf dem Porzellan gemischt, mit dem Ergebnis: der Vogel lebt!

Anhand der nebenstehenden Abbildung können Sie genau nachverfolgen, wie ich eine Blaumeise male. Ich habe für mich ein System ersonnen, bei dem ich mit dem Schwanz des Tieres anfange und zum Kopf hin weitermale. Diese Art von Malerei lässt sich für jeden anderen Vogel umsetzen.
Schwieriger wird es, wenn der Vogel sehr groß oder sehr klein (Miniatur) ist. Je größer der Vogel, desto mehr Details muss ich malen. Bei den kleinsten gilt es ebenfalls, sehr genau zu arbeiten, manchmal zur Arbeitserleichterung auch mit Hilfe einer Lupe.

Mein Tipp:

Bei jedem Vogel das Auge (8) und den Schnabel (10) zuletzt mit der Feder ansetzen. Erst wenn das Auge gemalt ist, sieht man, wo genau der Schnabel hingehört. Wieder gilt: Naturbeobachtungen durchführen!

Tipps zum Malen von Blaumeisen:
Bei Blaumeisen ist es ratsam, den Pinsel zwischen der Verwendung der Farben Grün und

Gelb nicht zu reinigen. So entstehen verschiedene Nuancen. Wenn bei der Federarbeit die Feder nicht so läuft, wie Sie es wollen, ist entweder die Farbe zu *dick* oder Sie ziehen zu *schnell*. Es ist wichtig, die Farbe »mitzuziehen«. Auch Schattierungen sind sehr wichtig: zwar wenige, aber kräftig und gezielt. Achten Sie auf Feinheiten wie den weißen Rand (Federn) zwischen Kopf und Rückenfedern. Außerdem liegen bei diesen Vögeln die schwarzen Augen sehr versteckt in den ebenso schwarzen Federn. Darum ist es auch hier wichtig, das »Licht« um die Augen zu betonen. Ziehen Sie mit dem Wipe-out ein paar Brustfedern bis zu den Flügeln hin; dies bringt mehr Leben ins Bild.
Die Blaumeise ist ein wenig kleiner als die Kohlmeise; diese hat dann statt eines blauen einen schwarzen Kopf und ein breites Bauchband.

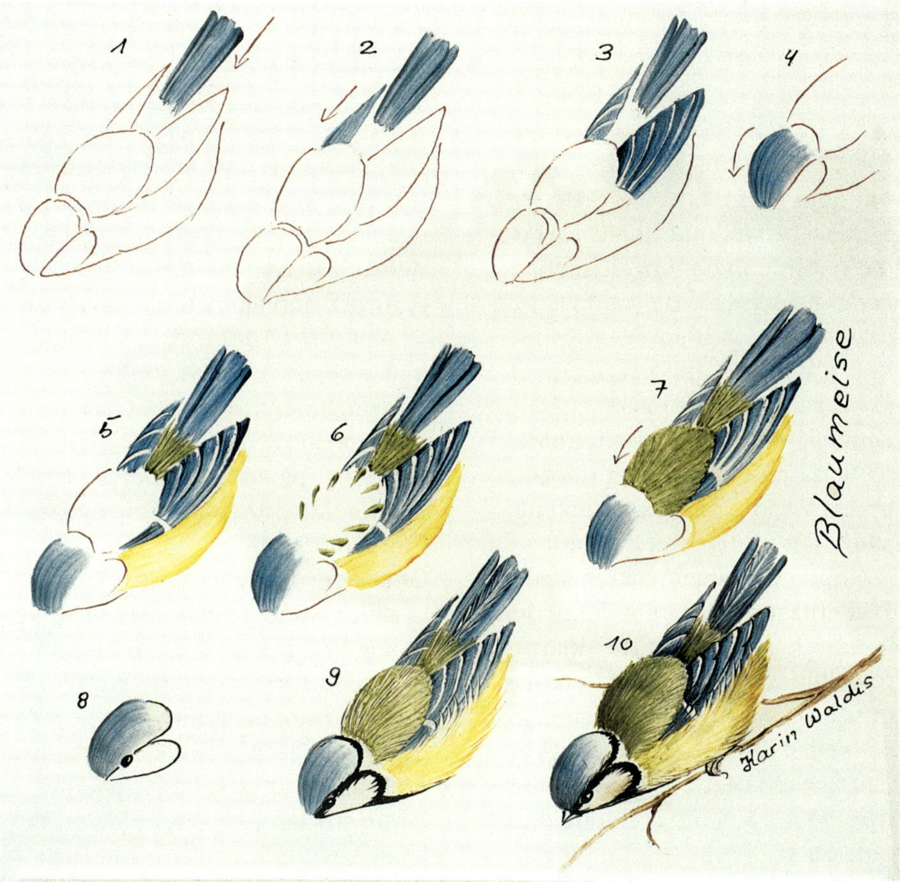

16 Wie schon im Text beschrieben, male ich wie immer den Schwanz des Vogels zuerst. Die Flügel (3) werden mit langen Pinselstrichen durchgezogen und die weiße Linie wird mit dem Wipe-out herausgeholt. Den Rückenfedern (6) wird zuerst mit Hilfslinien die Richtung gegeben, dann werden sie mit dem Pinsel ausgemalt. Am Kopf wird alles, was schwarz sein soll, mit der Feder gezeichnet.

16 As described in the text (p. 23), I always paint the bird's tail first. The wings (3) are painted with long brushstrokes and the white lines were carved with the wipe-out. The back feathers (6) were first given direction with help lines, and then painted with the brush. Everything on the head that must be black, was drawn with the pen.

Bird painting – made easy

General

First firing: First painting of the bird. A beautiful and precise first painting is half the job done.

Second firing: Shading. Here the basic rule counts: one can always make it darker. Little shading, but strong.

This general hint to make your painting easier is just as important: work with both hands at the same time, that is: turn the piece to be painted with one hand, while with the other you handle the brush. This needs some practice but has the great advantage that you can always hold the brush in the same position.

The light

The light is very important for me in my painting; I pay more attention to the accenting and showing of the light, than to painting the shadows. One can always paint darker, but removing paint after the firing isn't possible anymore.

My tip:

Shadow can well be varied with pressure on the brush (try it). A visible example: For righthanded people it is difficult to press the brush to the right, because it is an unnatural movement of the hand. Thereagainst I can without problem press with the brush to the left, and with that I paint the shadow. When I press to the right, I do get some paint on that place but I have no shadow. You get a smooth surface without different shades. Try this yourself. It is hard to explain, but it works. To create a shadow, I must always place the paint where it is dark. When (as a righthander) I do not want to dislocate my hand, I prefer turning my porcelain 180 degrees.

Painting technique and the use of colours

The bird feathers are first painted with the brush. I use two or more colours for that, depending of course on the kind of bird. For example, for a blue tit or great tit I use blue as the main colour; on the brush I can add a little dark grey or black to that, so that right-away the effect of a shadow is created.
With other birds, like sparrows, robin redbreasts or the wren I take brown as the main colour; add to that a little black and, quite courageously, a little blue. Try for yourself to mix brown with blue, and you'll be amazed at the beautiful shades you get.
Finally, before the firing, I take a fine steel pen and I emphasize the outlines with a darker colour. This procedure is the same with every bird, but of course the colours are different.

The painting of a blue tit: colours and painting technique

The blue tit is one of the most popular birds in Europe. To create it I need five different colours: blue, yellow, green, black and dark grey. Which blue, yellow, green a.s.o. you select, depends on which

colours you like to try. But I *never* mix these colours with the palette knife on my palette. For each brushstroke I pick up a little blue, and next some grey or black directly on the brush. The end result looks much more lively and after the firing still clearly shows recognizable colour shades.
Imagine that you'd mix blue and grey with the palette knife. Should we then begin to paint, all colour shades would show the same blue-grey. With the first variation we sometimes have more blue, sometimes also more grey and other colours on the brush. In this way the colours are completed directly on the porcelain, with this result: the bird is alive! (see also ill. 16, page 21).

On this picture you can see exactly how I paint a blue tit. I worked out a system with which I start with the animal's tail and continue painting towards the head. This way of painting can be used for all birds.
It becomes more difficult when the bird is very large or very small (miniature). The larger the bird, the more details I must paint. And with the smallest it is important to work very precise, often made easier with the use of a magnifying glass.

My tip:

Finish each bird emphasizing the eye (8) and bill (10) with the pen. Only after the eye has been painted, one can see where exactly the bill belongs. Here again: use your observations from nature!

Tips for painting blue tits:
With blue tits it is advisable to not clean the brush between the use of the colours green and yellow. In this way you get different shades. If, when working with the pen, the paint does not run as smoothly as you want, the paint is either too *thick* or you draw too *fast*. It is important to pull the paint "along" with the pen. The shadows are also very important: few, but yet strong and well-placed.
Pay attention to small details like the white edge (feathers) between head and back feathers. On top of this, the black eyes of this bird lie quite hidden in the feathers that are black as well. Therefore it is quite important here to emphasize the "light" in the eyes. With the wipe-out draw some breast feathers on the wings, this will make the picture more lively.
The blue tit is a little smaller than the great tit; this one has a black head instead of blue and a wide belly band.

17 Ein Stieglitz oder Distelfink: Ich beginne mit den Schwanzfedern und male Richtung Schnabel. Ich malte diesen Vogel in einem Arbeitsgang. Wer weniger Übung hat, kann nach Nr. 7 bei 800 °C brennen und danach schattieren. Der Distelfink ist ein Samenfresser. Sein kräftiger, kegelförmiger Schnabel ist ein Zeichen dafür. Wenn Sie am Kopf alles Schwarze mit der Feder ausfüllen, wird die Farbe dunkler und erst so richtig satt.

17 A goldfinch: Points that need special attention with this bird: I start with the tail feathers and paint towards the bill. I painted this bird in one go. Those who have less experience can, like with nr. 7, fire at 800 °C (1472 °F) and then paint the shadow. The goldfinch eats seeds, a fact which is indicated by its solid bill. When you fill in all the black on the head with the pen, the colour becomes darker and very rich.

Mein Tipp zum Rotkehlchen:

Achten Sie beim Malen von Rotkehlchen darauf, dass ein wenig Weiß zwischen der roten Brust und den braunen Flügelfedern verbleibt.

My tip for the robin:

When painting the robin, make sure that a little white remains between the red breast and the brown wing feathers.

18 Rotkehlchen beim Insektensuchen.

18 A robin looking for insects.

Blaumeisen und Kohlmeisen

Auf diesem dekorativen Papierkorb sehen wir Blaumeisen und Kohlmeisen in verschiedenen Stellungen. Die hinzugefügten Blumen sind weiß, die Blätter grün gehalten, und so entsteht eine Einheit auf dem ganzen Stück. Den Hintergrund habe ich zuletzt gemalt.
Zuerst alles mit Lack abdecken und die Fläche mit einem hellen Blau stupfen. Dann brennen.
Nochmals alles abdecken und die blaue Farbe mit Lüster überstupfen. Hier wählte ich Lüstergrau 406.
Zum Schluss über alles mit Craquelier-Medium gehen: Den roten Lack entfernen und nochmals brennen.

Mein Tipp:

Das Craquelier-Medium ist dünnflüssig, und daher eher schwer auf einen runden Gegenstand aufzutragen. Also: einen kleinen Teil auftragen und mit dem Haarfön trocknen. Wenn Sie es so in kleinen Schritten auftragen und fönen, läuft Ihnen das Medium nicht davon.

19 ▼

20 ▼

Procedure for blue and great tits

On this decorative waste basket we see blue tits and great tits in various postures. The flowers that were added are white, the foliage is kept green, and in this way the entire piece achieves unity.

I painted the background last of all. First coat everything with resist, and sponge the surface with a light blue. Fire.
Cover once more and sponge the blue paint with lustre. I selected here lustre grey 406. Finally coat it all with crackling medium. Remove the red resist and fire once more.

My tip:

The crackling medium is quite thin and because of that difficult to apply on a round object. Therefore: apply a small part and blow-dry with the hairdryer. When you apply it in this way in small steps and blow-dry it each time, the medium won't run.

21 ▼

19–21 Blaumeisen und Kohlmeisen auf einem Papierkorb.

19–21 Blue tits and great tits on a waste basket.

Was ich unter dem Thema »Beobachtungen« als dekorative Nebensache beschreibe, möchte ich doch etwas näher erklären:

Beschreibung zu den Abbildungen 22–27

Als Hintergrund für die beiden folgenden prächtigen Vögel wählte ich einen unifarbenen Baumstamm. Dieser wurde, nachdem die Vögel

22

22, 23 Grünspecht, Zeichnung und Anlage. Hier sieht man, wie viele Details man vor dem ersten Brand malen kann.

22, 23 Green woodpecker, sketch and first painting. Here you see how many details one can paint before the first firing.

mit rotem Lack abgedeckt waren, mit einer Mischung von Braun und Blau gestupft. Achtung: hier nur mit offenem Öl stupfen! Diese Fläche wurde mit einem groben Schwamm mit Sprit (Spiritus) benetzt und nochmals gestupft. Das Muster auf dem Baumstamm kann man mit mehr oder weniger Sprit im Schwamm steuern.

Mein Tipp:

Machen Sie genügend Farbpulver (Blau und Braun mischen) an, damit Sie den gleichen Farbton im Baumstamm und in den Blättern haben.

24 *Grünspecht*
Schattieren Sie wenig, aber kräftig, und der Vogel ist fertig. Der Grünspecht sucht seine Nahrung am Boden oder am Baumstamm.

24 *Green woodpecker*
Shade little but strongly, and the bird is finished. The green woodpecker seeks its food on the ground or on the tree trunk.

25

25, 26 Buntspecht, Zeichnung und Anlage. Kleiner als der Grünspecht, ist dieser Vogel auch sehr dekorativ und elegant. Zudem ein sehr guter Kletterer.

25, 26 Spotted woodpecker, sketch and first painting. This decorative and elegant bird is smaller than the green woodpecker. It is a very good climber.

What I, in the theme "Observations", describe as a decorative inessential matter, I'd like to explain a little more:

Procedure for the illustrations 22–27

As a background for these two beautiful birds I chose a uni-coloured tree trunk. After the birds were covered with red resist, it was sponged with a mixture of brown and blue. Beware: only sponge with open oil! This surface was moistened with a coarse sponge with spirits and sponged once more. One can guide the pattern on the tree trunk with more or less spirits on the sponge.

My tip:
Prepare enough paint (mix blue and brown), so that you have the same colour for the trunk and the foliage.

27 Buntspecht
Er ist der weitaus häufigste Specht bei uns. Wenn man ihn auch nicht immer zu sehen bekommt, hören kann man bei Waldspaziergängen sein Klopfen sehr oft.

27 Spotted woodpecker
Here in Europe it is by far the most frequent woodpecker. Although one doesn't always get to see him, one can often hear him hammering during walks in the wood.

Fondgestaltung mit verschiedenen Malmaterialien

Als aufwändiges Beispiel möchte ich jenes mit vier Schmetterlingen auf einer Fürstenberg-Vase anführen (Abb. 30–33). Dort verwendete ich verschiedene Materialien. Zunächst wurde hier ein etwa einen Zentimeter breites Band mit Glasurabsprenger weggesprengt. Dieses Pulver mische ich nur mit Wasser an. Nach dem Brand bei 800 °C wird die Glasur abgeschlagen.

Wichtiger Hinweis:
Tragen Sie bei einer solchen Arbeit unbedingt eine Schutzbrille oder stecken Sie das Stück in eine Plastiktüte während des Abschlagens. Dann gründlich reinigen, sodass garantiert keine Glasurreste verbleiben. Für diese Arbeit ist ein rauer Haushaltsschwamm gut geeignet.
Die vier Kanten (Ecken) der Vase werden nun mit dem Bleistift markiert und außen durch roten Abdecklack separiert. Diese Flächen bemalte ich mit Kupferlüster und grenzte sie mit Reliefpunkten ab.
Das Quadrat wurde oben mit einem Band markiert, und in der Mitte malte ich einen kleinen Falter. Die Flügel des Tieres wurden mit Irislüster ausgemalt und der Körper mit Goldunterlage markiert.
Die Fläche unter der abgeschlagenen Glasur habe ich mit blaugrüner Farbe gestupft. Hier mischte ich dem Farbpulver ein wenig Kristallfluss bei, damit die Farbe schön glänzt.

Mein Tipp:

Dieses Pulver mische ich mit einem trocknenden Öl. Auch ein wasserlösliches Öl ergibt nach dem Brand einen sehr schönen Glanz.

Die genannte blaugrüne Farbe wiederholt sich oben. Als Abschluss habe ich bei der blaugrünen Fläche oben zwei Ränder gezogen, einen Farbton dunkler als der blaugrüne Fond.
Dies gelingt am besten, wenn man die Ränder mit einem doppelten Band abdeckt und dann mit einem kleinen Schwamm stupft. Nochmals brennen. Danach die Falter oben mit Abdecklack abdecken und das Quadrat mit Mattschwarz stupfen. Zuletzt wurden die Markierungen am Falter in Glanzschwarz mit der Feder gezeichnet.
Als Blumendekor wählte ich hier Margeriten und zog das Sujet an allen vier Seiten durch. Diesen Blumen wurde zuletzt mit Reliefweiß ein wenig Struktur gegeben. Der Vasenfuß wurde mit Goldunterlage gestupft. Nochmals brennen.
Als letzter Schliff kommt das Gold: Der abgesprengte Teil, die Körper der Falter und der Fuß wurden mit Glanzgold bemalt. Die Reliefperlen, das Muster auf den vier Kupferlüster-Ecken und den oberen Rand bemalte ich mit Poliergold.
Es wurde sehr viel Arbeit in diese Vase investiert; war es mir doch wichtig, viele verschiedene Materialien zu nutzen. Die Schmetterlinge der abgebildeten Vase werden auf Seite 35 beschrieben.

28 Kohlweißling
In diesem Bild wiederholt sich der Kohlweißling von Seite 37 und man sieht, wie dekorativ er sich mit Erdbeeren kombinieren lässt.

28 The Cabbage butterfly
Once more the Cabbage butterfly (see also page 37) and one can see how decoratively it combines with strawberries.

Making a background with different materials

As a time consuming example I like to show you this workpiece, showing four butterflies on a Fürstenberg vase (pictures 30–33). I used several materials there. First of all an approximately 1 cm (6/16") wide band was chipped off with chipping powder. I only mix this powder with water. After the firing at 800 °C (1472 °F) the glaze was tapped off.

Important advice:
Always wear special safety glasses with this kind of work! Or place the piece in a transparent plastic bag and remove the glaze there.
Then, the piece was thoroughly cleaned, so that no glaze remnants stay behind. A rough household sponge is quite suitable for this.
The four sides (corners) of the vase were now marked with a pencil and on the outside separated with red resist. These surfaces I then painted with copper lustre and edged them with raised paste dots. The square was on top marked with a band, and in the centre I painted a small butterfly. The wings of the animal were painted with iris lustre, and the body was marked with gold underlay. The surface below the chipped-off area I sponged with blue-green paint. To make the paint shine nicely, I mixed a little flux with the paint powder.

My tip:

I mix this powder with drying oil. But also a medium based on water, would after the firing render a beautiful shine.

The blue-green colour that I mentioned is repeated on top. As a finish I drew two bands at the top near the blue-green area, with a darker shade than the blue-green background.
This succeeds best when the edges are covered with a double band, and then sponged with a small sponge. Fire once more. After this cover the butterflies with resist and sponge the square with matt black. Finally the details on the butterflies are drawn using the pen with a shiny black.
I chose marguerites here for a flower decoration and used the subject on all four sides. After this these flowers were given some structure with white raised paste. The foot of the vase was sponged with gold underlay. Fire again.
The gold comes as a finishing touch: the chipped-off area, the body of the butterflies and the foot were painted with bright gold. The raised paste pearls, the pattern on the four copper lustre corners and the upper edge I painted with burnishing gold.
A lot of work was invested in this vase, but it was important to me to use different materials. The butterflies on the vase shown are described on page 36.

Schmetterlinge

Die Fürstenberg-Vase (Abb. 30–33) ist ein sehr dankbares Objekt. Sie eignet sich vorzüglich für die Themen zu den vier Jahreszeiten, wie Sie dies bei meinen Vögeln sehen (Abb. 65–68). Hier aber wählte ich Schmetterlinge als Sujet. Neben den vier größeren Schmetterlingen sieht man oben den Heidebläuling (Abb. 30). Beide Geschlechter haben auf der Unterseite einige orangefarbene Flecken. Das Männchen (Abb. 31) zeichnet sich oberseitig durch eine schöne blaue Farbe aus, während das Weibchen dunkelbraun ist.
Auch der Grünling (oder Brombeerzipfelfalter, Abb. 33) ist mit seiner Farbe sehr dekorativ. Das Aurorafalter-Männchen unterscheidet sich vom Weibchen durch orangefarbene Flecken auf den Vorderflügeln. Außerdem habe ich mir erlaubt, die Vase mit einem »Fantasie-Schmetterling« zu ergänzen. Dessen Körper habe ich mit Goldunterlage und Glanzgold gemalt. Die Flügel sind mit Perlmutterlüster entstanden und wurden nach dem Brand mit schwarzen Zeichnungen ausgearbeitet. Der komplizierten Einteilung wegen benötigte diese Vase einige Brände. Achten Sie bei Schmetterlingen auf die Perspektive.

Mein Tipp:

Wer hier wenig Übung hat, fängt mit zweidimensionalen, »flachen« Schmetterlingen an. Als weiteres Merkmal sind bei diesen auf der rechten und linken Seite die Flügel gleich. Zuerst wird die Grundfarbe angelegt und dann das Muster mit der Feder gezeichnet. Die Körper male ich immer zuletzt. Wenn Sie wie ich mit einem nicht trocknenden Öl arbeiten, können Sie alles in einem Arbeitsgang malen. Ansonsten empfiehlt es sich, einen Brand dazwischen einzulegen.

Mit etwas mehr Übung möchten Sie vielleicht auch einmal eine andere Flugrichtung malen. Hier gilt: Wenn der Schmetterling nach rechts fliegt, sind die rechten Flügel kürzer als die linken und umgekehrt. Wie immer gilt: Widmen Sie der Naturbeobachtung viel Aufmerksamkeit!
Der Körper des Schmetterlings ist haarig. Den richtigen Effekt kann ich mit der Feder erzielen oder ich male den Körper mit dem Pinsel dunkel und »forme« ihn mit dem Wipe-out weiter aus. Diese Technik wirkt durchsichtig und leicht.
Zuletzt setze ich die Schmetterlingsfühler mit der Feder an. Auch hier gilt es, die Flugrichtung zu beobachten, die das Tier gerade einhält.

Mein Tipp:

Setzen Sie den Punkt vorne bei den Fühlern mit ein wenig Abstand. Er wirkt dann weniger kompakt und viel feiner.

Butterflies

The Fürstenberg vase (ill. 30–33) is a very favourite subject. It is very suitable for the Four Seasons themes, as you can see with my birds (ill. 65–68).
Here though I selected butterflies as the subject. Next to the four larger butterflies one sees on top a Heatherblue (ill. 30). Both sexes have some orange coloured spots on the underside. The male (ill. 31) on top of that distinguishes itself by a beautiful blue colour, while the female is dark brown. The Green Hairstreak (ill. 33) also has very decorative colours. The male Orange Tip distinguishes itself from the female with orange spots on the front wings.
On top of that I allowed myself to complete the vase with a "Fantasy butterfly". I painted its body with gold underlay and bright gold. The wings came about with mother of pearl lustre and were detailed after the firing with black drawings.
Because of the complicated division this vase needed several firings.
Pay attention to the perspective of the butterflies.

29 Schwalbenschwanz
Nur ein einziges Mal hatte ich bis jetzt das Vergnügen, dieses Prachtexemplar in meinem Garten zu sehen. Das Weibchen ist stets etwas größer als das Männchen.

29 The Swallowtail
Until now I only had once the pleasure of seeing this beauty in my garden. The female is always somewhat larger than the male.

30 ▲

31 ▲

My tip:

Those who have little experience start with two-dimensional "flat" butterflies. With these the characteristic is that the wings are the same on the left and right. First the base colour is applied, and the pattern is then drawn with the pen. I always paint the bodies last. If you, like me, work with a non-drying oil, you can paint it all in one go. Otherwise it is recommendable to fire in between.

If you have some more experience, you might perhaps also try another flying direction. Remember: when the butterfly flies to the right, the right wing is shorter than the left one, and vice versa. As always: pay much attention to observing nature! The body of a butterfly is hairy. I can get the right effect with the pen, or I paint the body with dark colour using the brush, and "shape" it with the wipe-out. This technique looks transparent and light. Finally I add the butterfly feelers with the pen. And again: pay attention to the flying direction the animal takes.

My tip:

Place the dot in front of the feelers at a little distance. It looks more delicate and less compact.

30 Großes Ochsenauge
Hier ist das Weibchen abgebildet. Es ist recht bunt im Vergleich zum Männchen. Dieses ist eher bräunlich gefärbt. Die Zeichnungen des Körpers sind bei dieser Schmetterlingsart sehr variabel.
31 Großer Kohlweißling
Er gehört in Europa zu den häufigsten Tagfaltern, und man sieht ihn überall dort, wo Gemüse angebaut wird. Das Männchen unterscheidet sich vom Weibchen durch ein Fehlen der schwarzen Flecken auf den Flügeln.
32 Gemeiner Heufalter
Der Heufalter gehört zur Gruppe der »Weißlinge«. Er ist ein sehr ausdauernder Flieger und tritt ab und zu sogar im Norden Europas auf. Das Männchen ist gelb, das Weibchen weißlich.

33 Tagpfauenauge
Von den Edelfalterarten ist das Tagpfauenauge wohl die bekannteste Art. Auf Porzellan wirkt es mit den bunten Markierungen (Augen) sehr dekorativ. Die Flügel sind auf der Unterseite fast schwarz.

30 Meadow brown
The female is pictured here. Compared to the male, it is quite colourful. The male is more of a brown. The drawings on the body can be quite varied with this kind of butterfly.
31 Large Cabbage butterfly
In Europe it belongs to the most frequent day butterflies, and one sees it everywhere where vegetables are grown. The male distinguishes itself from the female because of the missing black spots on the wings.
32 Pale Clouded Yellow
The Pale Clouded Yellow belongs to the group of "Cabbage butterflies". It is a flyer with lots of stamina, and once in a while it is even found in the north of Europe. The male is yellow, the female whitish.
33 Peacock butterfly
Of the noble kind of butterflies the Peacock butterfly is surely the best known. It looks quite decorative on porcelain with its colourful markings (eyes). The wings are almost black on the underside.

34 *Rauchschwalben*
Auf der Vase als eleganter Luftjäger mit langem Schwanz. Sie ernähren sich von kleinen, in der Luft treibenden Organismen.

34 *Barn swallows*
On the vase as elegant air hunters with a long tail. They feed on small organisms drifting in the air.

Beschreibung zu den Abbildungen 35–41

Patina-Rand: Der Rand bei diesen Schalen ist aufwändig. Die Technik ist bei allen die selbe; nur die Farben variieren. Beim Kauz wurde er mit Hellgrün bemalt, bei den Eisvögeln mit Hellblau, beim Dompfaff-Paar mit Lachs und beim Klaiber mit Blaugrün.
Und so wird es gemacht: Die Einteilung mit einem Bleistift zeichnen und jedes Feld mit einem Band abdecken. Hier arbeitete ich mit Mattweiß, Glanzrelief, Goldunterlage und Glasurabsprenger.
Der Glasurabsprenger wurde zuerst aufgetragen. Ecken und Kanten nach Lust und Laune mit Unterlage, Matt- und Glanzrelief auftragen. Erster Brand bei 800 °C.
Die Glasur sorgfältig abnehmen (Schutzbrille tragen) und gut reinigen. Nochmals abdecken und die Felder mit Relief, Unterlage und Mattweiß mit Kupferlüster stupfen.

Mein Tipp:

Den Kupferlüster mit Sprit (Spiritus) verdünnen.

35

Zweiter Brand bei 800 °C. Danach den ganzen Rand mit Farbe stupfen. Über Kupferfarben dicker stupfen. Dritter Brand bei 740 °C. Die abgesprengten Teile mit Glanzgold oder Glanzplatin bemalen und nochmals bei 740 °C brennen.

Mein Tipp:

Wenn Sie die Farben mit wasserlöslichem Medium mischen, ergeben sich eine schöne Patina und Glanz.

35, 36 Der Raufußkauz ist kaum aus der Ruhe zu bringen. Mit seinem außergewöhnlich wendigen Hals kann er den Kopf nahezu ganz herumdrehen und so einen Beobachter, der sich ihm nähert, stets im Auge behalten.

35, 36 It is difficult to disturb the Little Owl. With its extraordinarily nimble neck it can almost make a full turn with its head, and in this way always keep an eye on an approaching observer.

Procedure for the pictures 35–41

Patina border: the border on these dishes is lavish. The technique is the same for all, but the colours differ. The owl border was painted with light green, the kingfishers border with light blue, the bullfinch couple border with salmon, and the border of the nuthatch with blue-green.
It was done like this: draw the division with a pencil, and frame each area with a band. I worked here with matt white, shiny raised paste, gold underlay and powder for chipping off.
The chipping-off powder was applied first. Cover the corners and sides as you like with underlay and matt and shiny raised paste. First firing at 800 °C (1472 °F).
Remove the glaze carefully (wear safety glasses) and clean well.
Cover once more and with copper lustre sponge the areas with raised paste, underlay and matt white.

My tip:
Thin the copper lustre with spirits.

37

Second firing at 800 °C (1472 °F).
After that sponge the entire edge with paint. Sponge more thickly over the copper paint.
Third firing at 740 °C (1364 °F).
Paint the chipped off areas with bright gold or bright platinum and fire once more at 740 °C (1364 °F).

My tip:
You get a beautiful patina and shine when you mix the paints with a water based medium.

38 ▲

39 ▲

37–39 Zeichnung, Anlage und Grundierung eines Dompfaff-Paares.

37–39 Sketching, first and second painting of a bullfinch couple.

40 Der Eisvogel
Der Eisvogel, auch »Fliegender Diamant« genannt. Ein saphirblaues Aufblitzen in der Luft lässt mit großer Sicherheit auf diesen exotisch anmutenden Vogel schließen.

40 The kingfisher
The kingfisher, also called "the flying diamond". A sapphire-blue flash in the air is most certainly this exotic elegant bird.

41 Den Klaiber konnte ich diesen Winter oft vom Fenster aus beobachten. Ein interessanter Vogel mit seinem langen Schnabel und seinem »Kopf voran im Abwärtsgang« am Baum.

41 This winter I could often observe the nuthatch from my window. An interesting bird with its long beak and its head first down the tree.

Beschreibung zu den Abbildungen 42–44

Der Deckel auf dieser Dose wurde mit zwei Farben gestupft. Das schmale Band aussparen und mit Violett- oder Purpurbraun stupfen. Danach brennen.
Die Schneeglöckchen mit rotem Lack abdecken und mit Hellgrün stupfen und brennen. Die Blumen nochmals abdecken. Danach mit Violett- oder Purpurbraun nochmals stupfen und gezielt einen Schatten unter die Blume und oben aufs Band legen.

Procedure for the pictures 42–44

The cover on this box was sponged with two colours. Leave the narrow band blank and sponge with violet or purple-brown. Fire.
Cover the snowbell with red resist and sponge with light green and fire. Cover the flowers once more. Now sponge with violet or purple-brown and nicely paint a shadow underneath the flower and on top on the band.

42 *Musikdose mit Rotkehlchen im Winter.*

42 *Music box with robin in the winter.*

43 Rückseite der Musikdose. Die sehr lebhafte Blaumeise ist eine der häufigsten Vogelarten in Mitteleuropa. Mit einer Brut von bis zu 14 Eiern muss man sich darüber nicht wundern.

43 The back of the music box. The very vivid blue tit is one of the most frequent kinds of birds in Central Europe. With one brood of up to 14 eggs one needn't be surprised at that.

44 Musikdose mit Zaunkönigen.

44 Music box with wrens.

Vogelminiaturen

Miniaturen zu malen, macht mir enorm Spaß und Freude. Auch hier gibt es einige Regeln, welche die Arbeit ganz wesentlich erleichtern. Sehr wichtig ist eine saubere Arbeitsfläche (Porzellan), die man am besten vorab gründlich mit Azeton reinigt. Beim Vorzeichnen kann ich direkt mit Feder und Farbe viel exakter arbeiten als zum Beispiel mit dem Bleistift. Sogar auf den kleinsten Gegenständen lassen sich viele Details zeigen, wenn ich mit der Feder »male«.
Sehr wichtig ist die Konsistenz der Farbe. Da ich fast alle Vögel mit einem nicht trocknenden Öl male, habe ich meine Farbe immer gleich zweimal auf der Palette: einmal normal für den Pinsel und einmal verdünnt für die Feder (Abb. S. 12). Eine Ausnahme sind meine »Silhouetten-Vögel« (Vögel ähnlich Scherenschnitten). Für sie brauche ich ein schnell trocknendes Medium; zum Beispiel MX 54. Um mit der Feder arbeiten zu können, verdünne ich das Medium mit Aspik- oder Lavendelöl. Die Form dieser schwarzen Vögel kann man unendlich variieren, man kann sie in verschiedensten Flugrichtungen zeigen. Diese Art von Malerei eignet sich vorzüglich zum Dekorieren von kleinen Gegenständen.
Auch beim Malen dieser kleinen Gegenstände ist mir das Licht sehr wichtig. Darum noch einmal der Satz: Dazumalen kann man immer, aber Farbe wegnehmen geht nach dem Brand nicht mehr.
Diese Miniaturen sind jederzeit ein beliebtes Geschenk. Der Clou daran: Wenn ich zum Beispiel eine Dose bemale, nehme ich mir die Zeit und male (auch wenn es nicht unmittelbar sichtbar ist) auch auf der Innenseite ein passendes Sujet – vielleicht einen kleinen Käfer oder einen Zweig mit Blüten.

Zum Brand

Nicht alle Brennöfen sind gleich. Hat man einen neuen Ofen, ist es wichtig, dass man einen Probebrand durchführt und so seinen Brennofen gut kennenlernt.
Generell brenne ich immer bei 800 °C. Ich weiß aber, dass ich, wenn mein Ofen ganz voll wird, die Stücke, deren Farben etwas niedrigere Temperaturen vertragen, unten platzieren muss. Wenn ich wenig im Ofen habe, stelle ich sie in die Mitte. So erziele ich in meinem Brennofen älteren Jahrgangs, der aber immer noch tadellos funktioniert, stets gute Ergebnisse.
All das scheint vielleicht kompliziert, aber jahrelange Erfahrung hat mir gezeigt, dass sehr, sehr selten etwas beim Brand nicht so läuft wie gewünscht. Es scheint mir, dass in den letzten Jahren eine Tendenz zum höheren Brennen aufgekommen ist. Dies liegt vielleicht daran, dass wir so viele verschiedene Materialien (Relief-Pulver, Glasurabspreng-Pulver, Goldunterlagen und vieles mehr) benützen. Dadurch suchen wir uns eine Einheitstemperatur, bei der alles funktioniert.

45 Miniaturen
Diese Miniaturen wurden ohne Vorzeichnen oder Pausen gemalt. Man nimmt eine Stahlfeder und fängt mit der entsprechenden Farbe an zu zeichnen. Nach viel Übung kann man sogar die Form der Vögel ändern. Dieses zeige ich hier in der Silhouette. Die sehr Mutigen malen dann gleich mit dem Pinsel los; für die Vorsichtigeren wäre ein Zwischenbrand von Vorteil. Das Malen von Miniaturen macht sehr viel Spaß.
Bitte beachten Sie: Der weiße Ring um das Auge verleiht dem Vogel viel Ausdruck. Wenn Sie ein bisschen mehr Weiß hinten und weniger vorne beim Schnabel verwenden, sieht es natürlicher aus. Ist der weiße Ring gleich breit, wirkt das Auge flach.

45 Miniatures
These miniatures were painted without tracing or sketching. Take a steel pen and start drawing with the corresponding colours. After much exercise one can even alter the shape of the birds. I show this here in the silhouette. Daring painters start painting rightaway with the brush; for the more careful ones, an in between firing would be an advantage. Painting miniatures is great fun. Please notice: The white ring around the eye gives the birds much expression. When you use a bit more white on the back part of the bill and less on the front, it will look more natural. When the white ring has the same width everywhere, the eye looks flat.

Bird miniatures

Painting minatures gives enormous fun and pleasure. Also here there are a few rules that will make the work very much easier. It is quite important to have a clean surface to work on (the porcelain), that can best beforehand be thoroughly cleaned with acetone. With the drawing I can work much better directly with pen and paint than, for example, with a pencil. Even on the smallest surfaces many details can be shown when I "paint" with the pen.
The consistency of the paint is very important. Because I paint almost all birds with a non-drying oil, I always have my paint twice on the palette: once normal for the brush and once thinned down for the pen (ill. p. 12).
My "Silhouette-birds" are an exception (birds that look like cut-outs). For them I need a fast drying medium. For example MX 54. To be able to work with the pen, I thin the medium with lavender oil. The shape of these black birds can be varied endlessly, it can be shown in all sorts of flying directions. This way of painting is quite suitable for decorations on small objects. The light is with the painting of these small pieces also very important for me. Therefore once more this rule: one can always add to the paint, but removing paint after the firing is no longer possible.
These miniatures always make a favourite present. The highlight with that: when I for example paint a box, I allow myself the time to paint (even when it is not directly visible) on the inside a fitting subject – perhaps a small beetle or a twig with blossoms.

About the firing

Not all kilns are alike. When you have a new kiln, it is important to make a trial firing and in this way get to know your kiln well.
Generally I always fire at 800 °C (1472 °F). But I know that, when my kiln is quite full, pieces with colours that can only stand low temperatures, I must place down below. When I have little in the kiln, I place them in the centre. In this way I always achieve good results with my old kiln, that still functions well.

All this may seem complicated, but many years of experience have shown me that very, very seldom does something not go as planned during the firing. It seems to me that in the last years there is a tendency to fire higher. This may be because we use so many different materials (raised paste, chipping off powder, gold underlay and much more). Because of that we try to find an overall temperature for us that always works.

46 10-teiliges Miniservice mit Rotkehlchen. Die Tassen sind nur gerade 1 1/2 cm hoch, und es braucht ein wenig Fingerspitzengefühl, um das Service zu bemalen. Hier wurde übrigens alles frei Hand gemalt.

46 10-part mini-service painted with a robin. The cups are only just 1 1/2 cm (9/16") high, and you need a little bit of feeling to paint the set. By the way, everything was painted freehand.

Ausgeführte Porzellanmalereien

Wie erwähnt, ist die Größe der Vögel auf dem Porzellan maßgebend für den Schwierigkeitsgrad bei der Ausführung. Ich möchte hier beschreiben, wie ich bei einem sehr detaillierten Vogel vorgehe.

Ich beginne mit den Schwanzfedern, arbeite jede Feder für sich allein aus. Hier genügen leider keine zwei bis drei Pinselstriche. Es heißt vielmehr, die Feder einzeln mit dem Pinsel anzulegen. Holen Sie gleich im Anschluss mit dem Wipe-out das Licht heraus. Danach wird der Schatten mit dem Werkzeug Feder angesetzt. Dann mit den Rückenfedern weitermachen und auch hier jede einzelne Feder für sich ausarbeiten.

Der Spatz (Abb. 77), der Grünspecht (Abb. 24), der Buntspecht (Abb. 27), die Eisvögel (Abb. 40), und der Buchfink (Abb. 78) sind anschauliche Beispiele dafür; in diesen Motiven steckt sehr viel »Feder-Arbeit«.

47

Ich habe mich bei diesen Beschreibungen auf die Vögel konzentriert. Wie Sie das Porzellan noch weiter dekorieren wollen, überlasse ich nun Ihrer eigenen Fantasie; die Möglichkeiten sind zahllos. Aber, wie schon unter dem Thema »Beobachtungen« erwähnt, bitte ich Sie, nie die Harmonie in Farben und Formen außer Acht zu lassen.

48 *Höckerschwan*
Bekannt ist seine Drohstellung mit S-förmig gebogenem Hals und mit den über den Rücken gezogenen Flügeln. Dieser Schwan hat wohl Angst um seine Jungen.

48 *Swan*
Its threatening position with S-shaped neck and wings lifted over the back, is well-known. This swan is probably afraid for its young ones.

49 *Bartmeise*
Von den verschiedenen Exemplaren der Meisenfamilie möchte ich auch die sehr schöne, aber ebenso seltene Bartmeise erwähnen. Sie gehört zu den gefährdeten Arten. Im Jahr 1978 wurden in der Schweiz nur noch 30 bis 40 Paare gezählt. Um den heutigen Bestand kann man nur noch bangen.

49 *Bearded tit*
Of the several examples of the tit family, I'd also like to mention the very beautiful but rare bearded tit. It belongs to the most threatened kinds. In Switzerland, in 1978, only 30 or 40 couples were counted. One can only worry about the present number.

Completed porcelain paintings

As mentioned before, the size of the birds on the porcelain is decisive for the degree of difficulty with the painting. I'd like to describe here how I proceed with a very detailed bird.
I start with the tail feathers and work on each feather separately. Unfortunately two or three brush strokes aren't enough here. It is more a matter of painting each single feather with the brush. Finish rightaway with pulling out some light with the wipe-out. After that the shade is emphasized with the pen. Continue with the back feathers and also here finish each feather one by one.
The sparrow (ill. 77), the green woodpecker (ill. 24), the great spotted woodpecker (ill. 27), the kingfisher (ill. 40), and the bullfinch (ill. 78) are examples for that, you find a lot of penwork with these motifs. With these procedures I concentrated on the birds. How you want to continue decorating the porcelain is up to your own fantasy; the possibilities are endless. But, as already mentioned with the theme "observations", I beg you to never disregard the harmony in colours and shape.

50 Zaunkönige finden wir oft inmitten eines Hags wilder Rosen.

50 We often find wrens in the middle of a hedge with wild roses.

51 *Puppenservice aus Limoges-Porzellan. Die Kohlmeise – die größte und bekannteste Vertreterin der Meisenfamilie – baut ihr Nest in Baumhöhlen oder auch gern in Vogelhäuschen. Die ausgeschlüpften Jungen wiegen kaum 1 Gramm. Drei Wochen später, wenn sie flügge sind, bringen sie bereits 20 Gramm auf die Waage.*
Inzwischen beschaffen die Eltern ihrem Nachwuchs mehr als 500 Insekten als tägliche Nahrung.

51 *Doll service from Limoges porcelain. The great tit – the largest and most well-known representative of the tit family – likes building its nest in tree hollows, but also in bird houses. The hatched young ones hardly weigh 1 gramme. Three weeks later, when they are ready to fly, they already weigh 20 grammes on the scale. In the meantime the parents provide their offspring with more than 500 insects as their daily nourishment.*

52 *Ein kleines Sortiment aus meinem Verkaufsladen (Abb. 1).*

52 *A small assortment from my shop (ill. 1).*

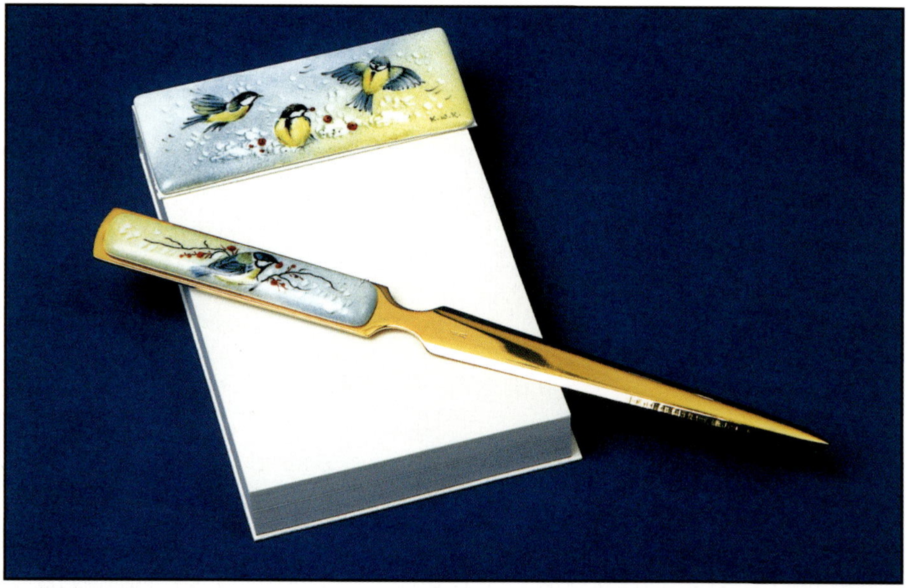

53 *Blaumeisen im Schnee.*

53 *Blue tits in the snow.*

54 *Ein »richtiges« Männergeschenk. Flaschenöffner eignen sich vorzüglich für das Bemalen mit Vogelmotiven. Hier findet sich sogar noch eine Heuschrecke.*

54 *A "real" present for men. Bottle openers are very suitable for painting with bird motifs. There is even a grasshopper here.*

56 ▲

56 Diese jungen Grünlinge warten auf ihre nächste Mahlzeit.

56 These young greenfinches wait for their next meal.

55 Diese Dose zeigt Zaunkönige in sechs verschiedenen Positionen. Wenn man im Frühjahr beim Spaziergang ein erstaunlich lautes, starkes Liedchen mit schmetternden, trillernden Strophen hört, ist das bestimmt das winzige Energiebündel, der Zaunkönig.

55 This box shows the wren in six different positions. When, in the spring, during a walk you hear an astonishingly loud song with blaring trilling verses, it surely is this tiny energy bundle, the wren.

Der Habicht

Dieser Habicht sitzt auf einem Baumstamm und hält nach Beute Ausschau. Für den Vogel brauche ich Kastanienbraun, Graubraun, Schwarz, Gelb und Türkisblau. Es ist sehr wichtig, jede Vogelfeder mit dem Bleistift genau zu zeichnen. Ich beginne beim Malen wieder mit dem Schwanz und arbeite gegen den Kopf zu. Zuerst wird Grau und Blau (wenig Blau) angelegt und gegen den Spitz ein wenig Braun. Die markanten Linien zwischen den Federn werden mit dem Wipe-out herausgeholt. Nachher setze ich das Muster, die graubraunen Markierungen, mit einem feinen Pinsel an. Die unteren Rückenfedern male ich Kastanienbraun, dem ein wenig Blau zugeführt wird. An die Spitze jeder Feder gebe ich dann einen schwarzen Schatten. Alle Rückenfedern werden einzeln bemalt (mit dem selben Farbton wie der Schwanz), worauf feine Markierungen in Blaugrau mit dem Pinsel aufgesetzt werden.
Am Schluss hole ich dann mit dem Wipe-out Licht heraus. Die Brustfedern werden von unten nach oben als eine Fläche mit Graubraun bemalt. Nachher diese mit dem Wipe-out einteilen und die Markierungen mit der Feder ansetzen.
Am Kopf zeichne ich mit der Feder das Auge mit Schwarz und gehe nachher mit weichen Pinselstrichen vom Schnabel bis zu den Rückenfedern. Oben mit Schwarz und Blau, unten mit Graubraun wie die Brust. Den Schnabel zeichnen Sie schwarz mit der Feder. Darauf malen Sie ein wenig Gelb um das Auge und im Schnabel. Füße und Krallen mit der Feder genau (braun) zeichnen. Erster Brand: 800° C.

Mein Tipp:

Rückenfedern mit dem Pinsel markieren. So entsteht ein weiches Muster. Auf der Brust, wo die Markierungen kräftig sind, arbeiten Sie mit der Feder. Auch das Auge wird mit der Feder »gemalt«, damit es richtig schwarz wird. Der weiße Punkt im Auge (Glanzlicht) wird ausgespart.

Nach dem Brand setzen Sie gezielt ein wenig Schatten an. So können Sie zum Beispiel an die Brustfedern einen Hauch von Gelb malen. Den Spitz des Schwanzes mit ein wenig Braun, Kopf und Schulterpartie mit Schwarz und Blau dunkler schattieren.

Mein Tipp:

Malen Sie vor dem ersten Brand so viele Details wie möglich.

Der Baumstamm ist hier mit der selben Technik gemalt wie die Beispiele 24 und 27. Zum Abschluss wählte ich hier einige große Steine. Diese können mit I-Relief, Glanzrelief oder auch mit Farbe bemalt werden. Nach dem Brand mit Glanzgold oder Platin bemalen und nochmals bei 800° C brennen.
Nach dem Gold wird wieder mit Farbe (Schwarz oder Dunkelbraun) schattiert. So brauche ich für diese Steine allerdings einen dritten Brand.

Mein Tipp:

Wenn Sie Glanzgold über Glanzrelief malen, benötigt dieser Brand eine niedrigere Temperatur (750 °C); aber wenn Sie Steine malen, ist es von Vorteil, bei 800° C zu brennen. So entstehen kleine Risse auf der Oberfläche, was zu mehr Struktur verhilft.

57 *Der Habicht*

57 *The hawk*

The hawk

This hawk sits on a tree trunk looking for prey. For the bird I need chestnut brown, grey brown, black, yellow and turquoise. It is very important to draw every feather precisely with the pencil.
With the painting I start again at the tail and work towards the head. I first apply grey and blue (little blue) and a little brown at the point. The lines between the feathers are carved out with the wipe-out. After this I bring in the pattern, the grey-brown markings, with a fine brush. The lower back feathers I paint with chestnut brown, to which I add a little blue. At the end of each feather I then paint a black shadow. All back feathers are painted one by one (same shade as the tail), on which I paint fine blue-grey markings with the brush.
Finally, with the wipe-out, I bring in light. The breast feathers are painted from below to above as one surface with grey-brown. Next indicate these with the wipe-out and emphasize the markings with the pen. At the head I draw the eye with the pen with black, and then I go with soft brushstrokes from the bill to the back feathers. On top with black and blue, below with grey-brown like the breast. I draw the bill in black with the pen. Next I paint a little yellow around the eye and on the bill. Draw the feet and claws precisely with the pen (brown). Fire at 800 °C (1472 °F).

My tip:
Mark the back feathers with the brush. In this way you get a soft pattern. On the breast, where the markings are strong, you work with the pen. The eye is "painted" with the pen as well, so that it becomes really black. The white dot in the eye (highlight) is left blank.

After the firing place a little shade in the right places. You can, for example, wash some yellow over the breast feathers. Shade the tip of the tail a little darker with a little brown, the head and shoulders with blue and black.

My tip:
Paint as many details as possible before the first firing.

The tree trunk was painted here with the same technique as the examples of illustration 24 and 27. To finish it off I chose some large stones here. You can paint these with I-relief, shiny raised paste or just with paint. After the firing apply bright gold or platinum and fire once more at 800 °C (1472 °F).

My tip:
When you apply bright gold over shiny raised paste, you need to fire at a lower temperature (750°C); but when you paint the stones it is an advantage to fire at 800°C (1472°). Small cracks will appear on the surface, giving it more structure.

The gold is afterwards shaded again with paint (black or dark brown). Therefore I need another firing for these stones.

58 *Junge Schwalben haben immer Hunger.* ▶

58 *Young swallows are always hungry.* ▶

59 *Erster Brand beim Miniatur-Rotkehlchen. Siehe auch Abbildung 45.*
60 *Nach gezielten Schattierungen wurde ein zweites Mal gebrannt.*

59 *First firing of the miniature robin. See also picture 45.*
60 *A second firing followed after the shadows were placed with care.*

61 Eine Amsel füttert ihre Jungen.
62 Nahaufnahme der Fütterung.

61 A blackbird feeding its young ones.
62 Close-up of the feeding.

63 Eine Kombination von Blumen und Schmetterlingen. Die Blumen malte ich nach klassischer Art; die Flügel wurden mit Irislüster überzogen. ▶

63 A combination of flowers and butterflies. I painted the flowers in the classical way; the wings were covered with iris lustre. ▶

64 Thema: Vier Jahreszeiten. Wintergoldhähnchen, Rotkehlchen, Kernbeißer, Zaunkönig ▶

64 Theme: The Four Seasons Golden crested wren, robin redbreast, hawfinch, wren ▶

63 ▲

64 ▼

65–68 Hier die Vier Jahreszeiten auf einer Fürstenberg-Vase.

65–68 The Four Seasons on a Fürstenberg Vase.

69 Eine Goldammer auf einem Kirschbaumzweig.

69 A yellow hammer on a cherry tree branch.

70 Der Hänfling frisst sich an Brombeeren satt.

70 The brambling fills itself with blackberries.

71 Der Distelfink sucht in Disteln nach Insekten und Samen.

71 The goldfinch looking for insects and seeds in the thistles.

72 Der Günfink hat es im Winter schwer. Er ist oft in Gärten beim Futterhäuschen zu sehen.

72 Winter is a difficult time for the greenfinch. In the garden it can often be seen at the feeding house.

73 *Der Buntspecht schmückt diese Spielkartenschachtel vorteilhaft.*

73 *The spotted woodpecker makes a nice decoration on this card box.*

74 *Besonders bunt ist der Stieglitz. Man findet ihn in Gärten und Parkanlagen, wo man mit ein bisschen Glück eine klangvolle Strophe von sehr unterschiedlicher Länge zu hören bekommt.*

74 *The goldfinch is very colourful. It is found in gardens and parks where, with a bit of luck, one gets to hear a melodious verse of very variable length.*

75, 76 Grauschnäpper nisten gerne im Hausbereich. Die Eltern müssen große Anstrengungen unternehmen, denn Jungvögel haben immer Hunger.

75, 76 Fly-catchers like to nestle near homes. The parents must make large efforts as the young ones are always hungry.

77 ▲

78 ▲ 79 ▼

77 Haussperlinge sind außergewöhnliche, ganz spezielle Vögel und nicht zuletzt deshalb 2001 »Der Vogel des Jahres«. Der meist gesehene Gast in unserem Garten mit wunderschönen, braun-gelblichen Nuancen.
78 Buchfink. In Mitteleuropa übertrifft die Anzahl der Buchfinken sogar die Population der Amseln und Sperlinge.
79 Hier die häufigsten, heimischen Vögel auf einen Blick.
80 Nahaufnahme einer Tischplatte.

77 House sparrows are unusual, very special birds and not without reason "The Bird of the Year" in 2001. It is the most frequent guest in our garden with wonderful brown-yellowish shades.
78 A chaffinch. In central Europe the number of chaffinches surpasses even the population of blackbirds and sparrows.
79 See the most frequent native birds in one glance.
80 Close-up of a table.